DIE REIHE
Archivbilder

BORNA

EIN JAHRHUNDERTBILD

Eins grausames Erschröcklichs war vnd Glaubhafftigs

wunder zeychen/ Mit einem erbermlichen Wetterleichen / Donner vnnd plitzen vnd vngestümbt hat sehen lassen/ im negsten verschinen Sontag den 29. December abent vmb 10. vnd 11. vhr im 1 5 5 5. Jar.

NAchuelgend ist auch meniglichen wol wissent / wie sich vnser lieber Herre Gott im nechst verschienen Sontag den 29. December / abents vmb 10 vnd 11. vhr / mit einem erschröcklichen vnnatürlichem / vnd diser zeit vngewonlichem wetterleuchen / donnern vnd plitzen / vnd vngestüm hat sehen lassen/ Also das dazumal nicht an wenig orten/ als zu Aldenburg/ Schleitz im Voitland vnd anderswo /Das Wetter eingeschlagen vnd angezündet/ zu Zedlitz bey porn die Kirchen verprennet hat/ Damit vns ja vnser lieber Herre Gott/ vrsach vnd zeit zu besseren nicht vergeben / vnd er vnsers verderbnus keine schuld haben noch tragen wölle. Gott gebe das vns dise vnd dergleichen wunderliche geschichte zur Buesse vermanen.

Es solten je billich alle Christglaubige/ menschē solche grausame wunderzeychen zu hertzen nemen/ vnd dieselbige hertzlich bedencken vnd erwegen/ mit inprünstiger/ hertzlicher vnd hochfleysiger teglicher bit/ Dann Gott der almechtig/ solche hefftige vnd sichtige wunder zeichen allen Christen menschen zu einer warnung sehen lest.

Gedruckt zu Nürnberg durch Wolffgang Strauch Formschneider auff der Schmeltzhüten

Der Kirchenbrand zu Zedtlitz am 29. Dezember 1555. Flugblatt aus dem Jahre 1556. In der rechten Bildhälfte ist die älteste Ansicht von Borna zu sehen.

DIE REIHE
Archivbilder

BORNA

EIN JAHRHUNDERTBILD

Thomas Bergner

ALAN SUTTON

Sutton Verlag GmbH
Gustav-Adolf-Straße 3
99084 Erfurt

1. Auflage 1999

ISBN 3-89702-132-3

Druck: Midway Clark Printing, Wiltshire, England

Inhaltsverzeichnis

Danksagung

An dieser Stelle möchte ich allen danken, die bei der Realisierung des Buches, vor allem bei der Bereitstellung des Bildmaterials, mitgeholfen haben. Ein besonderer Dank geht an das Museum der Stadt Borna und das Stadtarchiv für die freundliche Unterstützung.

Des weiteren bedanke ich mich bei den vielen Bornaer Familien für die Bereitstellung ihrer Bilder, vor allem bei den Familien Berger (Borna), Berger (Haubitz), Calov (Borna), Deutsch (Eula), Engelmann (Borna), Kämpfe (Borna), Naß (Borna), Mitzscherling (Eula), Schneiderheinze (Taucha), Sroka (Eula) und Zeichardt (Borna).

Einleitung

Das im Jahre 1251 erstmals erwähnte Borna war über Jahrhunderte immer etwas provinziell im Gegensatz zu den nahen Städten Leipzig, Altenburg und Grimma. Dies änderte sich erst Mitte des 19. Jahrhunderts, als Borna auf Initiative des Bürgermeisters Carl Heinrich einen Bahnanschluß erhielt. Nun wurde es möglich, die hier angebotenen Produkte der Feldgärtnereien schneller und besser zu vertreiben. Die Zwiebel war das Hauptanbauprodukt, so daß die Stadt nur noch „Zwibbel-Borne" genannt wurde.

Mit dem Anschluß an das Eisenbahnnetz nahm auch der Abbau von Braunkohle zu, die seit dem Jahre 1799 im Bornaer Revier gefördert wurde. Anfangs waren es noch kleine Bauerngruben, um die Jahrhundertwende entstanden die ersten Tagebaue. Der Bergbau bestimmte bis in die jüngste Zeit das Leben der Bürger. Borna wurde zu einer der bedeutendsten Bergbauregion Deutschlands. Ende des 20. Jahrhunderts ist nach 200 Jahren Bergbau nicht mehr viel davon zu sehen. Die Tagebaue wurden in Badeseen umgewandelt und die Braunkohlenwerke sind aus der Umgebung der Stadt verschwunden.

Ein drittes wirtschaftliches, aber auch kulturelles Standbein der Stadt war im vorigen Jahrhundert das 1849 gegründete 3. (schwere) Reiterregiment. Später machten sich die „Blauen Reiter" als Karabinierregiment auf den europäischen Schlachtfeldern einen Namen. Nach dem Abzug des letzten Soldaten der Roten Armee im Jahre 1992 stehen auch die Kasernen leer.

Im 19. Jahrhundert befand sich Borna im Wandel von der Provinzstadt zum wichtigen Wirtschaftsstandort. Heute steht die Stadt wieder vor einem Wandel. In welche Richtung er gehen wird, wird die Zeit zeigen. Mit dem vorliegenden Bildband möchte der Autor an die alte, nicht immer gute Zeit erinnern. Dabei wird dem Betrachter und Leser vor allem die Zeit zwischen 1870 und 1970 näher gebracht. Ein besonderes Augenmerk ist auf das Alltagsleben gerichtet. Wie erlebten die Einwohner den Wandel? Wie gestalteten sie ihren kärglichen Alltag? Wie gestalteten sie ihre freie Zeit?

Ein eigenes Kapitel ist den Bornaer Ortsteilen vorbehalten. Sie sind schon immer eng mit der Stadt verbunden gewesen, dennoch geraten sie immer etwas in Vergessenheit, wenn von Borna gesprochen wird. In dem Buch sind seltene Aufnahmen von Eula, Haubitz, Altstadt-Borna und von dem längst devastierten Ortsteil Witznitz zusammengetragen.

Um dies alles zu realisieren, stand dem Autor die Fotothek der Ortschronik des Museums der Stadt Borna zur Verfügung. Hier erhielt er einen Einblick in die Sammlungen des ehemaligen LVZ-Fotoreporters Hans Bajohra und der Hobbyfotografen Gottfried Grobleben, Paul Hammer, Joachim Kappler und Klaus Hühn. Aber auch auf viele Privatsammlungen von Bornaer Bürgern konnte der Autor zurückgreifen, so daß ein Buch von Bornaer Bürgern für Bornaer Bürger entstanden ist.

Ausschnitt aus Reymanns „Umgebung von Leipzig“ aus dem Jahre 1885.

1

Auf den Spuren der Ahnen

Die Postkarte aus den dreißiger Jahren zeigt Borna im 17. Jahrhundert.

Die um 1170 errichtete Kunigundenkirche ist das älteste und bedeutendste Bauwerk. Hier eine Aufnahme vor der Rekonstruktion aus dem Jahre 1921.

Bauarbeiter während der Rekonstruktionsarbeiten an der Kunigundenkirche, 1925.

Reste der alten Stadtmauer am Breiten Teich in den dreißiger Jahren.

Im 19. Jahrhundert war Borna wegen seiner Zwiebeln berühmt und machte sich als „Zwibbel-Borne“ einen Namen. Die Postkarte stammt aus den zwanziger Jahren.

Borna von Westen aus gesehen, umgeben von Zwiebelfeldern, 1884.

Bornaer Zwiebelfrau beim Putzen und Auslesen der Zwiebeln im Jahre 1938.

Selbst in die Konditoreien hielt die Zwiebel Einzug. Eine Postkarte des Kaffeehauses Robert Haussmann, oben, das für seine sogenannten Bornaer Zwiebeln, eine leckere und süße Marzipanspeise, bekannt war. Um 1910. Der Besitzer Erich Haussmann, unten, mit einem Teil seiner Belegschaft während des Umzugs anläßlich des Tages des Handwerks im Jahre 1936.

Reste der alten Ortslage Haulwitz in der Angerstraße. Im Jahre 1936 entstand an dieser Stelle das sogenannte Zwiebelhaus.

Um die Jahrhundertwende wurden in der Angerstraße die ersten Villen gebaut, 1912.

Seit 1849 war das Karabinierregiment in Borna, anfangs noch in Bürgerquartieren, stationiert. Hier eine Aufnahme des Offizierscorps vor der Jubiläumseiche anläßlich des 50jährigen Bestehens des Regimentes, 1899.

Parade anläßlich der Übergabe der vom Chef des Karabinierregimentes, dem Großherzog Ernst von Sachsen-Weimar, gestifteten Kesselpauken im Jahre 1905.

1867 begann in Borna das Eisenbahnzeitalter. Auf Kosten der Stadt und der rühmlichen Initiative des Bürgermeisters Carl Heinrich entstand die Strecke zum Bahnhof Kieritzsch. Auf dem Bild von 1885 ist schon die Verlängerung nach Chemnitz, die 1872 eingeweiht wurde, zu sehen.

Nach der Inbetriebnahme der Eisenbahnlinie wurde die Braunkohle verstärkt abgebaut. Diese Postkarte aus dem Jahre 1907 zeigt die drei Bornaer Braunkohlenwerke.

Zwei Bergleute in Paradeuniform, um 1870. Die Aufnahme stammt von Emil Schuffert, der sein Atelier am alten Bahnhof hatte.

Ab der Zeit um 1910 wurde die Braunkohle in Tagebauen abgebaut. Grubenaufschluß der Brikettfabrik Witznitz im Jahre 1911, dabei wurde die ehemalige Grube „Marie" überbaggert. Im Hintergrund ist das 1908 erbaute Realgymnasium zu erkennen.

Ein Karlshütter „Löffel" VIa 62, Baujahr 1916, im Tagebau der Braunkohlenwerke Borna AG.

Das Bornaer Braunkohlenwerk, ehemals „Karlschacht“, auf einer Luftbildaufnahme aus dem Jahre 1925. Im Hintergrund der Tagebau des Braunkohlenwerkes „Viktoria“, Lobstädt.

Elektrobagger beim Kohle-Hochschnitt im Tagebau der Braunkohlenwerke Borna AG. Aufnahme aus dem Jahre 1927.

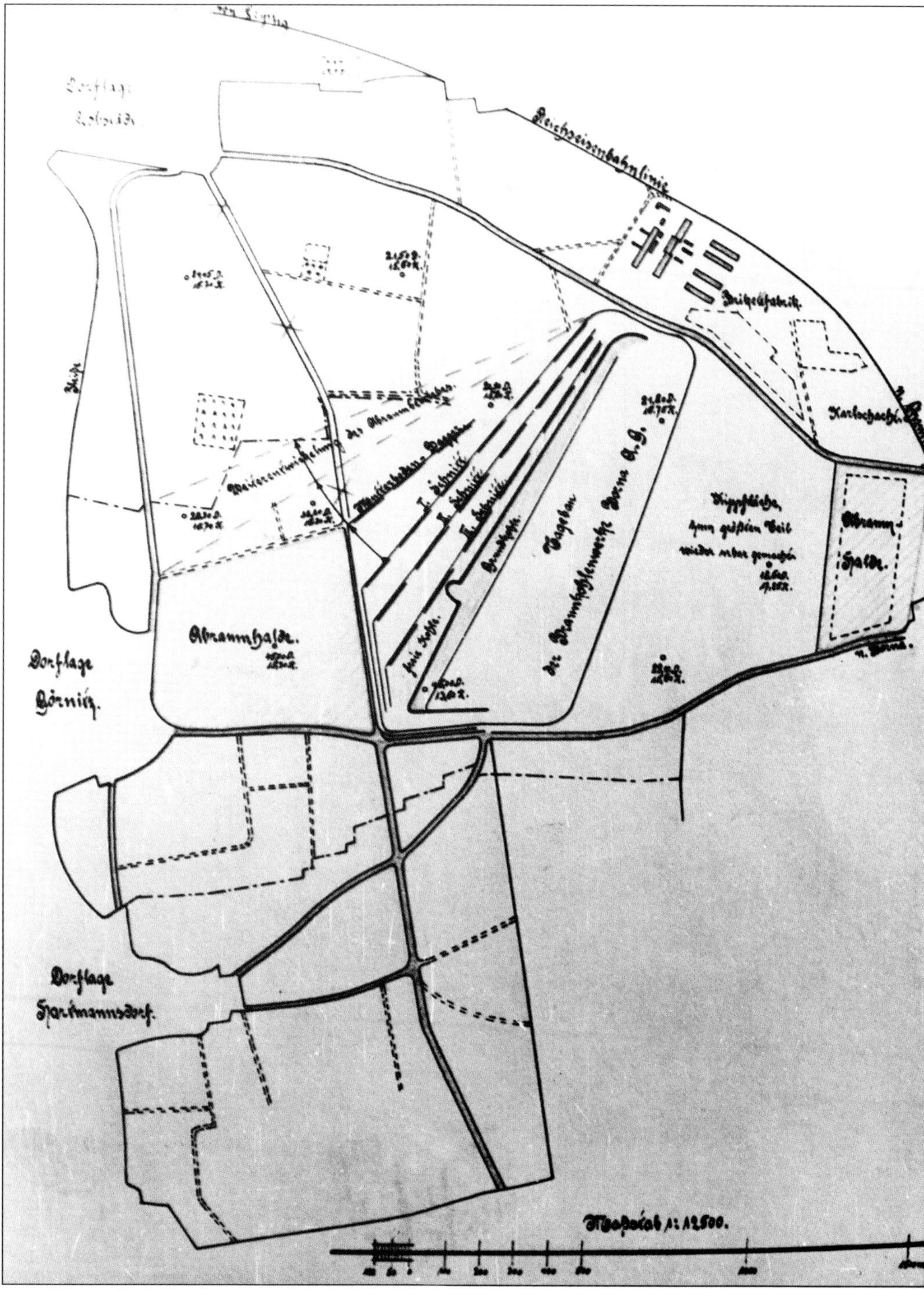

Tagebaufeldentwiklung des Tagebaus der Braunkohlenwerke Borna AG, 1925.

Im Jahre 1904 erhielt Borna in der Nähe der Kasernen den neuen Bahnhof vor den Toren der Stadt.

Anfang der dreißiger Jahre entstand diese Drehscheibe für den Bahnhof. Aufnahme aus dem Jahre 1933.

Von 1892 bis 1901 wurden im Westen der Stadt die Kasernen erbaut. Auf der unteren Postkarte aus dem Jahre 1909 ist das Offizierscasino abgebildet. Seit 1919 befindet sich in dem Gebäude die katholische Kirchgemeinde St. Joseph.

Besuch des Karabinierregimentes während eines Manövers, um 1910. Links neben dem Auto Major Godert von Reden, späterer Kommandant des Regimentes. Er beging nach dem Ersten Weltkrieg, am 22. Januar 1919, Selbstmord.

Die Reitbahn des IV. Eskadron in der Altenburger Straße, um 1910.

Soldaten bei einer Funkübung, um 1910.

Wegen des ansässigen Militärs war es nicht verwunderlich, daß des öfteren königlicher Besuch in der Stadt weilte. Hier besuchte König Friedrich August III. von Sachsen am 10. April 1907 Borna.

Rekrutierung neuer Soldaten auf dem Markt im Jahre 1915.

Da im Ersten Weltkrieg das Garnisonslazarett bald nicht mehr ausreichte, wurde hinter diesem ein Reservelazarett erbaut. Später wurden auch Schulen und das Bezirkssiechenhaus zum Lazarett umfunktioniert. Aufname aus dem Jahre 1915.

Während der Inflation nach dem Ersten Weltkrieg wurden Gutscheine vergeben, 1919.

Im Jahre 1920 wurden kurzzeitig Zeitfreiwillige in den Bornaer Kasernen stationiert, anschließend standen die Kasernen leer.

Die Kirchgasse zwischen der Pegauer Straße, heute Wilhelm-Külz-Straße, und der Kirchstraße. Aufnahme von Gottfried Grobleben. Diesem Fotografen verdankt Borna viele seltene Aufnahmen aus den sechziger Jahren.

Sommeridylle an der Wyhra. Blick von der Brücke an der Post Richtung Süden, 1910.

Die Veranstaltung anläßlich des Reichsbannertages „Schwarz-Rot-Gold“ am 17. Mai 1925 stand unter dem Motto: „Ein Hoch auf die deutsche Republik.“

Abfahrt zu einer Schwerkriegsbeschädigtenfahrt im Jahre 1929.

Im Jahre 1925 wurde die neue Wyhrabrücke an der Gasanstalt errichtet. Damit erhielt Borna eine zweite Wyhraüberführung.

Aufgrund der nahe gelegenen Wyhra hatte Borna fast jedes Jahr ein Frühjahrshochwasser. Dabei stand das Wasser nicht selten bis zum Markt, wie hier im Jahre 1910.

„Erinnerung an das große Wasser am 30. Mai 1941. Wasser war ziehmlich bis auf den Markt vorgelaufen. Überall 20-30 Zentimeter Wasser im Hauße. Da haben wir die ganze Nacht kräftig gearbeitet, Wasser rausgeschafft und Schlamm."

Im Jahre 1954 suchte das letzte große Hochwasser die Stadt heim. Oben im Bild die Brücke an der Gasanstalt und unten die überschwemmten Gärten der Gartensparte „Naturfreunde 1950“.

Im Jahre 1924 trafen sich zum ersten Mal wieder Militärvereine der ehemaligen Karabiniers in Borna. Hier zwei Aufnahmen vom Treffen des Jahres 1936 in der König-Albert-Kaserne.

Die Post stieg 1929 von der Pferdekutsche auf den motorisierten Transport um.

Das Fällen der Königseiche auf dem Königsplatz im Jahre 1931. Sie wurde zu Ehren von König Friedrich August von Sachsen gepflanzt.

Am 28. Februar 1932 veranstaltete die KPD eine Großkundgebung auf dem Marktplatz. Laut Zeitungsberichten nahmen etwa 750 Personen teil; Zwischenfälle blieben aus.

„Endlich! Es ist wieder Militär in der Stadt." So oder ähnlich klang es durch die Straßen, als bekannt wurde, daß das Panzerabwehr-Regiment 24 im November 1935 nach Borna verlegt wurde.

Das größte Volksfest, das Borna je erlebte, war das Heimatfest im Jahre 1938. Der Grund für die Veranstaltung war die 800-Jahr-Feier der Stadt, die jedoch keine historische Basis hatte, …

… trotzdem wurde eine Woche lang gefeiert. Oben sind zwei Bierdeckel der Brauerei Rother, Altstadt-Borna, abgebildet. Den rechten Bierdeckel ziert eine Zeichnung des bekannten Bornaer Malers Robert Kluge.

Höhepunkt der Feierlichkeiten war der große historische Festumzug. An ihm nahmen über 300 Schüler und Bürger der Stadt teil. Angeführt wurde der Umzug von Bürgermeister Paul Munde, Bild oben. Die Aufnahme unten zeigt Bornaer Schüler als „fröhliche Landsleute“.

In den dreißiger Jahren war der Straßenverkehr noch ruhig, so daß die Kinder auf der Straße spielen konnten. Im Hintergrund ist das Kaufhaus Britania zu sehen. Es gehörte der jüdischen Kaufmannsfamilie Rose. In der Nacht vom 9./10. November 1938 wurde es in Brand gesetzt und die Ladeneinrichtung zerstört. So erging es auch den Geschäften der Familien Singer und Motulsky.

Empfang der P 24 nach der Rückkehr von einem Manöver. Die Parade wurde vor dem Kommandeur Major Hennig abgehalten, 1936.

Während des Zweiten Weltkrieges wurde die König-Albert-Kaserne erweitert. Auf dem heutigen Gelände der Firma Edeka entstand ein Barackenlager, das als Unterkunft mehrerer Ersatzbataillone für den Fronteinsatz diente, 1944.

Nach der Befreiung durch amerikanische Truppen am 13. April 1945 herrschte Not und Elend. Es war gut, wenn man einen solchen Handwagen zur Besorgung von Holz und Kohle besaß.

Im Juli 1945 übernahmen die russischen Truppen als Besatzungsmacht Borna. Kurze Zeit darauf fand die erste Nachkriegskundgebung aller demokratischen Kräfte auf der Stätte der Volksgemeinschaft statt.

Am 15. Juli 1947 weilte Wilhelm Pieck in Borna und hielt eine Ansprache auf dem Markt. Auf dem Bild ist Wilhelm Pieck im Kreise mehrerer SED-Funktionäre im „Hotel zum blauen Hecht" zu sehen.

Ansichten aus der Reichstraße in den fünfziger Jahren, die zu jener Zeit in Wilhelm-Pieck-Straße umbenannt wurde. Sie trug diesen Namen bis zum Jahre 1991.

Das Kriegerdenkmal und die Promenaden am Breiten Teich. Das Denkmal verschwand mit dem Bau der B 93, der Sachsenallee, und erinnerte einst an die Gefallenen im Krieg 1870/71. Aufnahme aus dem Jahre 1968.

Blick in die Quergasse in den sogenannten Hasenwinkel hinter dem Rathaus. Am Ende der Gasse sind Reste der Stadtbrauerei zu sehen, 1968.

Zum Schutze der Volkseigenen Betriebe wurden in den fünfziger Jahren die Kampfgruppen gegründet. Hier die Kampfgruppen des Braunkohlenwerkes Borna nach dem Erhalt ihrer Waffen von der SED-Kreisleitung, 1958.

Anfang der sechziger Jahre entstand das Neubaugebiet am Scheunenviertel mit dem einzigen Hochhaus der Stadt. Im Jahre 1961 war Grundsteinlegung, …

… ein Jahr später war es fast fertig.

Herzlicher Empfang der in Borna stationierten Sowjetsoldaten von ihrem Einsatz in der ČSSR im Jahre 1968, ohne die wahren Hintergründe des Einmarsches und der Zerschlagung des Prager Frühlings zu hinterfragen und zu begreifen, um welche Chance des politischen Wandels es ging.

Hinterhofansichten in der Wilhelm-Külz-Straße, 1968.

2

Das Alltagsleben

Im Sommer war die alte Zinkbadewanne zum Planschen beliebt, um 1940.

Diese Aufnahme von 1930 zeigt Kinder beim Sandkastenspiel in den Löscheranlagen, …

… in denen man im Winter toll mit dem Schlitten rodeln konnte, 1958.

Ende der vierziger Jahre war manches Mädchen froh über solch' einen Puppenwagen der Marke „Eigenbau", 1947.

„Das sind zwei Wasserratten, diese machen der Oma viel zu schaffen." Dieser Satz ist auf der Rückseite des Fotos aus dem Jahre 1947 zu lesen.

Fäkalienabfahrt der Firma Deubel in der Pegauer Straße, der heutigen Wilhelm-Külz-Straße, um 1950.

Bei starken Wintereinbrüchen mußten, wie hier in der Königsstraße in den fünfziger Jahren, auch Pferdegespanne zur Schneeräumung eingesetzt werden.

Zweimal wöchentlich ist Markttag. Bis etwa 1920 fand noch der beliebte Roßmarkt statt, 1938.

Die Kaufleute hatten ihre Stände auf dem Markt und hinter dem Rathaus, wie hier im Jahre 1939 …

… oder in der Mühlgasse, 1935, aufgebaut. Seit 1939 steht an der Stelle das Sparkassengebäude.

Deutsche Demokratische Republik

Bezugsmarke

für ein Paar

Leder-Straßenschuhe für Frauen

Gültig bis zum 25. Jan. 1953

im Gebiet der Deutschen Demokratischen Republik

2. Ausgabe

1 489520

Bei Verlust kein Ersatz!

Zum Alltag der Frauen in den fünfziger Jahren gehörten die Bezugsmarken zum Kaufen von Damenschuhen, 1953.

Ein beliebter und gern gesehener Händler war Herr Ziemer mit seinen Strumpfwarenangebot. Aufnahme aus dem Jahre 1968.

Bis Anfang der siebziger Jahre konnte der Kaffee noch eigenhändig im Konsum gemahlen werden, 1970.

3
Handel und Gewerbe

Die Buch-, Musikalien- und Schreibwarenhandlung von Georg Schnabel in der Reichsstraße, um 1930.

Wer kennt es nicht, das Hornsche Haus. Benannt wurde es nach dem Krämerladen von Hermann Horn. Bekannt ist das Haus auch als sogenanntes Altes Kloster. Die Postkarte stammt aus der Zeit um 1930.

Die Bornaer Möbelhallen von Hugo Stöckel und die Tabakwarenhandlung von A. Sommerweiß in der Hindenburgstraße, heute Bahnhofsstraße, um 1935.

Das Haushaltwarengeschäft von Carl Richter sowie das Nähmaschinen- und Fahrradgeschäft von E. Schulze am Dinterplatz, 1910.

Am Reichsteinweg befand sich das bekannte Schirmgeschäft von Emil Barthel, 1910. Noch heute wird es liebevoll von Gertrud Pötzsch geführt. Sie ist die Ehefrau des Pflegesohnes von Emil Barthel.

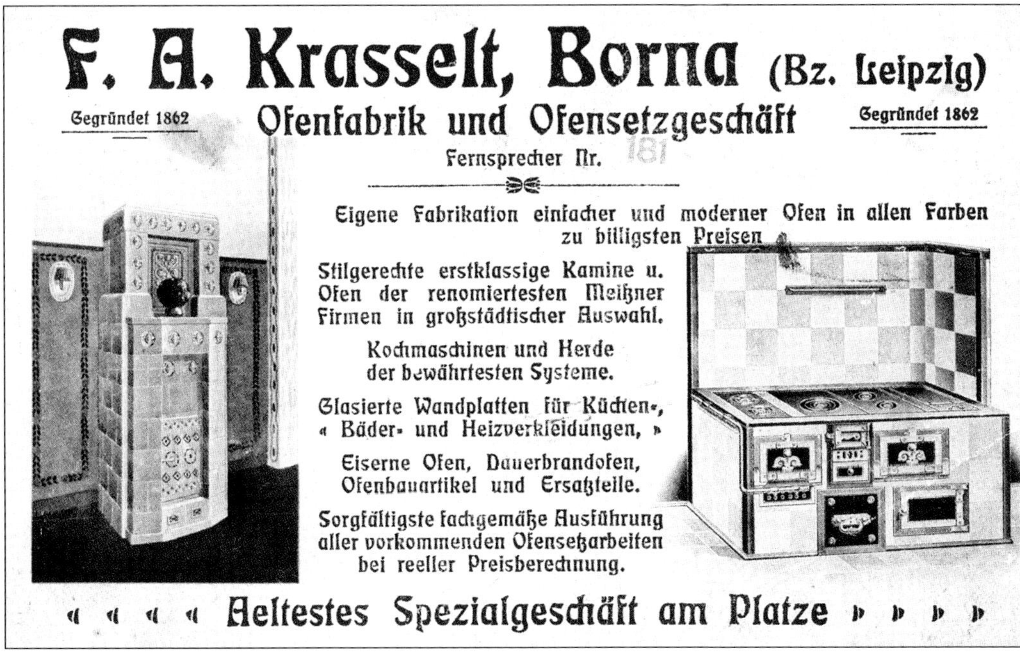

Die Werbepostkarte der Firma von Fritz Krasselt stammt aus der Zeit um 1910. Das Geschäft befand sich in der Angerstraße.

Schaufenstergestaltung in den zwanziger Jahren bei der Kaffee- und Schokoladenhandlung von Elsbeth und Gertrud Grodzki in der Reichsstraße.

Ein bekanntestes Markenzeichen der Lebensmittelhandlung der Familie Schreiber am Markt, im sogenannten Schreiberschen Haus, war der selbst gebrannte Weinbrand.

Die älteste und bekannteste Gastlichkeit war über Jahrhunderte das „Hotel zum goldenen Stern". Das obere Bild stammt aus der Zeit um 1900, das untere aus dem Jahre 1939.

Die Aufnahme von 1968 zeigt die ehemalige Restauration und Ausspanne „Zu den drei Schwanen". Das Gebäude wurde 1974 aufgrund des Ausbaus des Kreuzungsbereichs der heutigen B 93/ B 95 abgerissen.

Die Pianofortefabrik Heyl machte in aller Welt Umsatz. Der war so hoch, daß sich der Inhaber Gustav Heyl als einer der ersten in Borna ein Automobil leisten konnte, 1912. Anbei sei erwähnt, daß der erste „offene Kutschwagen ohne Pferde mit elektrischen Motor" am 14. April 1893 durch die Stadt fuhr.

Neben der Stadtbrauerei und der Brauerei Rother im Ortsteil Altstadt-Borna gab es noch die Vereins- oder Bergbrauerei. Im Jahre 1927 wurde nach einem großen Brand, bei dem Kohlensäureflaschen explodierten, der Betrieb eingestellt. Das Werbeplakat stammt aus der Zeit der Jahrhundertwende.

Einst hatte die Stadt drei Wassermühlen. Eine davon war die Holzmühle in der Nähe des Wyhrawehres. Das Bild wurde in den zwanziger Jahren während der Kanalisierung des Mühlgrabens aufgenommen.

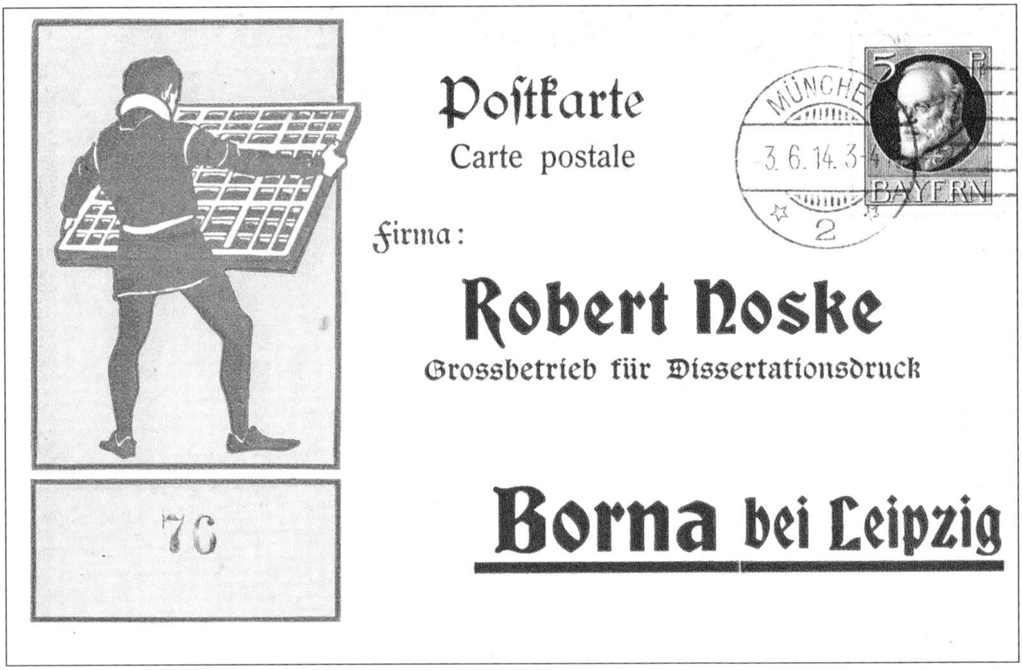

Neben der Druckerei von Albert Reiche gab es noch die Druckerei von Robert Noske in der Pegauer Straße, heute Wilhelm-Külz-Straße. Diese Rückantwortkarte wurde 1914 verschickt.

Der Damen- und Herrenfriseursalon von Fritz Schramm in der Bahnhofsstraße im Jahre 1936.

Auf dem Gelände des alten Bahnhofes siedelten sich nach und nach immer mehr Gewerke an, die einen Gleisanschluß benötigten. So auch die Landesproduktenhandlung von Emil Enge, hier im Jahre 1934 ...

... oder Rincks Dampfsägewerk, 1920.

Die Dampf- und Bettreinigungsanstalt von Richard Nindel in der Königsstraße, um 1920.

Der kleine Tante-Emma-Laden von Hilde Naß in der Kesselshainer Straße. Aufnahme aus dem Jahre 1951.

"Genfer See"
Borna
Herrlich am breiten Teich, 50 m
vom Karabiner-Denkmal, inmitten
reizender Anlagen gelegen
Großer Konzert-Garten
mit neuer Frei-Tanzdiele
Jeden Sonntag und Mittwoch
Konzert- u. Tanzdiele
15 Ruderboote, Grönländer,
Ausleger, Familien-Segelboot
Parkplatz für 30 Autos, Einfahrt Teichstr.

4
Das Kultur- und Vereinsleben

Die Gaststätte „Genfer See“ mit dem Bootsverleih am Breiten Teich, um 1930.

Ein sehr rühriger Verein war der Frauenverein. Auf Initiative des Vereins wurde die erste Kinderbewahranstalt in der Königsstraße 33 eingerichtet. Um 1920.

Die Freiwillige Feuerwehr Borna bei einer Übung in den sechziger Jahren bei der Wyhrabrücke an der Gasanstalt.

Einer der ältesten Vereine der Stadt ist der Schützenverein. Alljährlich trafen sich die Mitglieder am Schützenhaus zum Schützenfest. Die Feierlichkeiten dauerten meist eine Woche, bis der neue Schützenkönig feststand, 1909.

Die Mitglieder des Theatervereins „Thalia" vor dem König-Albert-Denkmal im Jahre 1910.

Das „Deutsche Haus“ wurde als Restauration „Schweizerhaus“ gegründet. In den zwanziger Jahren hieß es „Volkshaus“.

Im „Volkshaus“ hatte auch der Volkschor sein Domizil. Hier bei der Hauptprobe zu den Schubert-Feierlichkeiten im Jahre 1928.

Die Veranstaltungen des Turnvereins 1844 in der eigenen Turnhalle, dem heutigen Stadtkulturhaus, waren immer ein kultureller Höhepunkt. Auf dem Foto ist eine Kindervorführung der Kinderriege zu sehen, um 1930.

Von 1934 bis 1935 wurde die Thingstätte errichtet und später in Stätte der Volksgemeinschaft umbenannt. Sie wurde zum kulturellen Mittelpunkt der dreißiger und vierziger Jahre. Im Bild unten ist die Bornaer Hitlerjugend im Jahre 1936 bei einem Laienspiel zu sehen.

Ein beliebtes Kino war das „Capitol“ am Dinterplatz, das 1970 geschlossen wurde. Auf dem Bild unten ist die Stalinecke im „Capitol“ zu sehen. Sie wurde anläßlich des 30. Jahrestages der Oktoberrevolution im Jahre 1947 eingerichtet.

1926
1931

Dem Schöpfer und Leiter unseres Musik-Korps

Tbr. Georg Neubauer

in Anerkennung seines erfolggekrönten Wirkens und
in Dankbarkeit für seine unermüdliche Treue
und Aufopferung im Dienste des Vereins

Borna, am 8. Aug. 1931
dem Tage des fünfjährigen Bestehens des Musikkorps

Turnverein Borna 1844, e. V.

Der Turnrat

Hans Wolf
1. Vorsitzender

[illegible]
Schriftf.

5
Sport

Das Musikcorps des Turnvereins 1844 mit dem Leiter Dr. Georg Neubauer, 1932.

Der erste in Borna gegründete Sportverein war der Turnverein 1844. Hier eine Aufnahme aus der Zeit um die Jahrhundertwende vor der Turnhalle des Turnvereins.

Das erste Gauturnfest fand 1864 in Borna auf dem Schützenplatz statt. Die Zeichnung stammt von dem Bornaer Künstler Ludwig Otto.

1894 kam es zur Gründung einer Damenriege im Turnverein 1844 …

… und in den zwanziger Jahren zur Gründung einer Fußballabteilung. Bild aus dem Jahre 1936.

Der Radfahrer-Verein 1884 „All Heil“ Borna, um 1920.

Borna war bis in die sechziger Jahre eine Hochburg des Hockeysports. Hier ist die Damenmannschaft des Hockeyvereins Borna (HVB) mit ihrem Trainer Erich Haußmann kurz nach der Gründung im Jahre 1920 zu sehen.

Das erste Mal wurde am Königlichen Realgymnasium, an dem sich am 3. Mai 1901 eine Vereinigung gründete, Fußball gespielt. Vorrangig wurde jedoch Hockey und Tennis gespielt. Als erster richtiger Fußballverein gründete sich der FV 1912 Borna. Größten Ruhm erreichte der MSV Borna im Jahre 1944 mit den Aufstieg in die Gauliga Sachsen, der höchsten Fußballspielklasse.

Veranstaltung des Deutschen Luftsportverbandes, Ortsgruppe Borna, auf dem Markt, 1935.

Das Segelflugzeug „Stadt Borna“. Der Startplatz der Bornaer Segelflieger befand sich auf der Dittmannsdorfer Höhe nahe Kesselshain. Aufnahme aus dem Jahre 1936.

Impressionen vom Schwimmfest im Jahnbad, 1936.

Im Rahmen des Nationalen Aufbauwerkes wurde in den Jahren 1964/65 das Freibad „Wyhra-Aue" errichtet.

Im Jahre 1961 wurde Hellmuth Schmidt von der DAV-Ortsgruppe Borna Weltmeister im Friedfischangeln.

Als Schulanfänger war die Freude auf die Schule noch groß, wie hier im Jahre 1910, …

… doch nach acht Jahren waren die meisten Schüler glücklich, es geschafft zu haben. Eine Aufnahme von der sozialistischen Jugendweihe im Kultursaal des Braunkohlenwerkes Borna, 1959.

6
Das Schulwesen

„Erinnerung an die Schulzeit" an der Bürgerschule, um 1910.

Die Bürgerschule mit dem König-Albert-Denkmal um die Jahrhundertwende. Die Schule wurde 1876 erbaut und war damals die größte Schule Sachsens. Heute trägt sie den Namen des in Borna geborenen Pädagogen Gustav Friedrich Dinter.

Die Mädchenklasse M III^{ab} im Jahre 1909 mit ihrem Lehrer Paul von Loui. Nach 1945 war er vielen als Kreisschulrat bekannt.

Klassenfoto aus dem Jahre 1939 in der Volksschule I.

Die Schulklasse des Lehrers Alfred Graunitz in der Dinterschule, 1948.

Das gesamte Lehrerkollegium der Dinterschule, 1948.

Junge Pioniere der Dinterschule während der Maidemonstration im Jahre 1958 in der Altenburger Straße. Im Hintergrund sind die Reste der BEUMA, der Bornaer Eisengießerei und Maschinenfabrik, zu sehen.

Am 5. Oktober 1886 wurde das Königliche Realgymnasium seiner Bestimmung übergeben. Später war es die Bürgerschule und die Volksschule II. Heute ist in dem Gebäude die Berufsschule untergebracht.

Das 1908 im Jugendstil errichtete Königliche Realgymnasium am Breiten Teich. Die Luftbildaufnahme stammt aus der Zeit um 1930.

Das Königliche Lehrerseminar zu Borna. Schüler vor dem neuen Anbau, der von 1911 bis 1913 errichtet wurde, und der Turnhalle. Heute befindet sich in den Räumlichkeiten das Pestalozzi-Gymnasium.

Eine ganz besondere Schule war die von Hermann Gatzsche gegründete Knaben-Exerzierschule. Die Schüler wurden daher auch „Gatzschaner" genannt. Sie erhielten eine Art vormilitärische Ausbildung, aber auch Zeichenunterricht wurde gegeben. Um 1915.

Manöver am Blauen See bei Bockwitz. Aus dem Spiel, wie hier im Jahre 1935, wurde für viele Kinder bald bitterer Ernst.

7
Die Bornaer Ortsteile

Altstadt-Borna, immer eng mit Borna verbunden, war dennoch bis 1934 eine eigenständige Gemeinde. Aufnahme aus dem Jahre 1908.

Die Gemeinde Altstadt-Borna war stets von der Landwirtschaft, insbesondere der Feldgärtnerei geprägt. Um 1935.

In den Wintermonaten fanden Schlachtfeste statt, wie hier auf dem Hof des Gasthofes „Zur Feldgärtnerei“ in der Lausicker Straße, 1916.

Das Haus des sogenannten Akazien-Becker, um 1910.

Der Löschzug der Freiwilligen Feuerwehr Altstadt-Borna im Jahre 1956.

Der Gesangsverein zum 20jährigen Stiftungsfest am 7. März 1926 im Hof des Gasthauses „Altstadt". Zu sehen ist die aktive Sängerschaft des Vereins.

Schützenkönig Fritz II. mit seinem Ministerium von 1938 beim Altstädter Schützenfest. Der Schützenkönig Fritz Rother war Inhaber der Brauerei in der Lausicker Straße.

Kinderfest in der Altstadt, um 1930.

Diese Postkarte aus dem Jahre 1900 zeigt den Gasthof „Gnandorf“.

Gnandorf von Süden aus gesehen, 1940.

Bilder vom Kinderfest im Jahre 1924 in Gnandorf.

Die Abtei nahe des Ortsteils Altstadt-Borna gehörte vor Jahrhunderten den Pegauer Mönchen. Das Gut wurde um 1860 errichtet und mußte um 1965 dem herannahenden Tagebau Borna-Ost weichen.

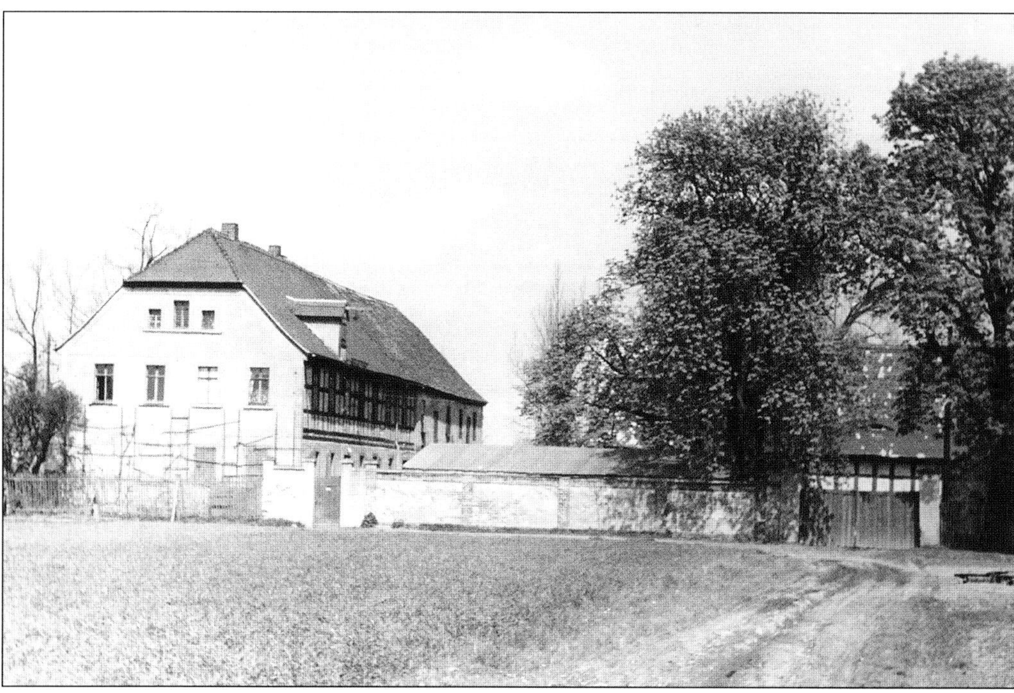

Das 1988/89 abgerissene Gut Bockwitz wurde der Braunkohle unnötig geopfert. Das Gut lebte immer von der Landwirtschaft, auch als in der Nähe des Gutes um 1870 die ersten Braunkohlengruben entstanden.

Ganz in der Nähe von Bockwitz befand sich der Blaue See, an dem der Turnverein 1844 Borna das erste Schwimmbad errichtete. Um 1920.

Eine Mädchen-Schwimmriege aus Borna am Blauen See, 1935.

Schülerinnen der Schule Eula, um 1950. Erst wurde auf dem Lerchenberg gespielt …

… und anschließend auf eine Bockwurst und eine Limo in die beliebte Ausflugsgaststätte „Lerchenberg“ gegangen, 1965.

Die Postkarte aus den vierziger Jahren zeigt Eula.

Der Dorfteich von Eula. Er existiert bereits seit Jahrzehnten nicht mehr, so daß sich kaum ein Eulaer noch an ihn erinnern kann. Um 1910.

Der Jungfrauenverein Eula, um 1910.

Freiwillige Feuerwehr Eula
(Feuerlöschpolizei)

Mitglieds-Ausweis

für Hans Enge, [illegible]

eingetr. am: 1. 4. 1939 geb. am: 23. 11. 1920

Enge [illegible]

Freiwillige Feuerwehr (Feuerlöschpolizei) Eula Kreisfw.-Verb. Borna

515–Fw. Verlag Winkler & Schulz, GmbH., Grimma Sa. Nachdruck verboten.

Mitgliedsausweis der Freiwilligen Feuerwehr Eula, 1939.

Das neu eingerichtete Klassenzimmer in der Schule Eula, 1960.

Für die Lehrer der Eulaer Schule wurde Anfang der sechziger Jahre im Ortsteil Kesselshain ein Wohnhaus errichtet.

Das Fällen der Kesselshainer Luthereiche am 21. September 1937.

Die Straße der Genossenschaft in den fünfziger Jahren.

In den Jahren 1969/70 wurde für das neue Kraftwerk Thierbach das Umspannwerk Eula erbaut.

Die Aufnahme von 1893 zeigt das Rittergut Gestewitz.

Auf der Postkarte von 1913 ist der Gasthof zu Gestewitz abgebildet.

Die Postkarte aus den vierziger Jahren zeigt den Ortsteil Haubitz.

Junge Pioniere aus Haubitz und Eula beim Spielen im Jahre 1955.

Ansichten von der Haubitzer Dorfstraße, 1956/57.

Die Postkarte zeigt die im Jahre 1940 eingemeindete Ortschaft Witznitz.

Die Straßen an der Kreuzung führen nach Borna, Lobstädt, Kesselshain und entlang der alten Poststraße nach Kleinzössen. Aufnahme aus dem Jahre 1936.

Das Sängerfest 1936 in Witznitz …

… an dem natürlich auch der Männergesangschor Witznitz teilnahm.

Auch das Handwerk hatte in Witznitz goldenen Boden. Hier das Holzlager des Baugeschäftes von Otto Landgraf im Jahre 1940.

Die alte Mühle an der Wyhra, 1940.

8

Bornaer Persönlichkeiten

Emil Limmer (1854-1931) war Maler und Illustrator. Er machte sich als sogenannter Dresdner Menzel einen Namen.

Gustav Friedrich Dinter (1760-1831) war Theologe und Pädagoge. Bekannt wurde er als sächsischer Pestalozzi und reformierte das preußische Schulsystem.

Dr. Wilhelm Külz (1875-1948) war der wohl bekannteste Politiker aus Borna. Er gründete 1920 die Deutsche Demokratische Partei (DDP) und 1946 die Liberal-Demokratische Partei Deutschlands (LDPD).

Urban Kreutzbach (1796-1868) und Richard Kreutzbach (1839-1903) waren Orgelbauer. Das Orgelwerk in der Stadtkirche zu Borna entstand im Jahre 1868. Die Aufnahme wurde 1910 kurz vor Abriß des Orgelwerkes gemacht.

Martha Schrag (1870-1957) war Malerin. Im Dritten Reich wurden ihre Bilder als „Entartete Kunst“ eingestuft.

Von dem Bildhauer Karl Möbius (1876-1953) stammt das im Jahre 1927 eingeweihte Karabinierdenkmal in den Löscheranlagen.

Clemens Thieme (1861-1945) war Architekt. Sein wohl bedeutendstes Bauwerk ist das Völkerschlachtdenkmal in Leipzig. Zu recht nennt man ihn den Schöpfer und Erbauer.

Hochgeehrter Herr! Für den uns eingesandten Beitrag von M. Zehn — sprechen wir Ihnen hierdurch unseren herzlichsten deutschen Dank aus. Wollen Sie uns auch für die Zukunft Ihre geschätzte Mitarbeit an der hohen vaterländischen Aufgabe erhalten. Es ist notwendig, dass endlich **das ganze deutsche Volk** sich der Erfüllung seiner Ehrenpflicht erinnere und sie vollbringe, damit das Denkmal der deutschen Befreiung in der That ein Volksdenkmal im wahrsten und schönsten Sinne des Wortes werde.

Mit vorzüglichster Hochachtung
ganz ergebenst

Der Geschäftsführ. Vorstand des Deutschen Patrioten-Bundes zur Errichtung eines Völkerschlachtdenkmals bei Leipzig.

L. d. 6./6.07.

Robert Kluge (1890-1980) war Maler und Studienrat. Robby, wie ihn liebevoll seine Schüler nannten, sind viele Stadtansichten des alten Borna zu verdanken, wie die der Stadtkirche. Um 1930.

Der Maler Friedrich Schille (1901-1994) trug zu recht den Namen „der Chronist mit dem Zeichenstift“. Ihm verdankt Borna ebenfalls viele wertvolle Stadtansichten. Hier ist das Scheunenviertel zu sehen, um 1960.